Rç. 16 Avril 1868.
Montejean.

ÉTUDE

SUR

LA PHILOSOPHIE DE DANTE,

PAR M. ÉMILE BEAUSSIRE,

PROFESSEUR À LA FACULTÉ DES LETTRES DE POITIERS,
PRÉSIDENT DE LA SOCIÉTÉ DES ANTIQUAIRES DE L'OUEST.

Le plus grand poëte de l'Italie l'a aussi illustrée comme philosophe :

> Theologus Dantes nullius dogmatis expers
> Quod foveat claro philosophia sinu,

dit l'épitaphe composée par Giovanni del Virgilio. « Il s'était acquis une telle gloire dans tous les genres d'études, dit un de ses plus anciens biographes, Benvenuto d'Imola, que les uns l'appelaient *poëte*, les autres *philosophe*, les autres *théologien*. » Ainsi s'exprime également le premier traducteur français de la Divine Comédie, Grangier, dans la dédicace de sa traduction à Henri IV : « En ce poëme il se découvre un poëte excellent, un philosophe profond et un théologien judicieux. »

Le philosophe seul doit nous occuper ici dans la vie et dans les œuvres de Dante. Lui-même nous fait connaître, dans son Banquet (*Convito*), le point de départ de ses études philosophiques. Il était au seuil de la jeunesse (vingt-cinq ans) lorsqu'il perdit la noble dame (Béatrice) qui lui avait inspiré ses premiers chants, et qui, retrouvée plus tard dans une merveilleuse vision, devait lui inspirer les derniers. Après quelque temps donné au plus violent désespoir, il chercha des consolations dans un autre amour. Or l'objet de ce nouvel amour, c'était, dit-il, la très-belle et très-illustre fille de l'empereur de l'univers, à laquelle Pythagore a

H.

donné le nom de *philosophie*[1]. Il avait lu, pour faire diversion à sa douleur, la *Consolation* de Boèce et le traité *De l'Amitié* de Cicéron. Il y puisa le goût de la philosophie, et dès lors il fréquenta assidûment les lieux où on l'enseignait, c'est-à-dire les écoles des religieux et des philosophes.

Suivant Benvenuto d'Imola, Dante étudia la philosophie naturelle et la morale à Florence, à Bologne et à Padoue, et la philosophie sacrée à Paris, où il ne vint que dans son âge mûr, après son bannissement (1302). Ce voyage de Paris a donné lieu à beaucoup de controverses. La plupart des biographes en font mention, mais avec des détails différents et en le plaçant à des époques différentes. Boccace, comme Benvenuto, fait venir Dante à Paris pendant son exil et ajoute qu'il y soutint sans désemparer, pendant tout un jour, contre quatorze adversaires, une de ces discussions *de quolibet,* si fréquentes dans les écoles du moyen âge. Philelphe lui attribue une ambassade auprès du roi de France, au nom de la République florentine, et, par conséquent, antérieurement à ses disgrâces politiques. Enfin, suivant Jacques de Serravalle, évêque de Fermo, qui commentait la Divine Comédie au commencement du xve siècle, son séjour à Paris aurait eu lieu avant son entrée dans la vie publique, et se serait prolongé assez longtemps pour qu'il pût prendre à l'université le grade de bachelier en théologie; le manque d'argent l'aurait seul empêché de prendre celui de docteur. Ce dernier témoignage a reçu de nos jours une autorité nouvelle d'une ingénieuse conjecture de M. Victor Le Clerc[2]. Dante nomme parmi les docteurs qui lui sont montrés dans le paradis un professeur de la rue du Fouarre (*vico degli Strami*), Sigier, dont l'enseignement a laissé si peu de traces que les plus anciens commentateurs ne peuvent expliquer le passage où il est cité, et qu'il a fallu les patientes recherches de l'érudition moderne pour lui restituer sa place dans l'histoire de la scolastique. La mention de ce nom obscur, au milieu de ceux des philosophes et des théo-

---

[1] «Dico e affermo che la donna di cui io m'innamorai appresso lo primo amore fu la bellissima e onestissima figlia dell' imperadore dell' Universo, alla quale Pittagora pose nome Filosofia.» (*Convito,* II.)

[2] *Notice sur Sigier de Brabant.* (*Histoire littéraire de France,* t. XXI.)

logiens les plus illustres, semble attester un souvenir personnel. Or Dante n'a pu entendre Sigier après l'an 1300, puisque c'est en cette année même qu'il le retrouve en paradis. Mais pourquoi, en venant à Paris quelques années après la mort de Sigier, n'aurait-il pas pu y trouver, dans les écoles de la rue du Fouarre, le souvenir encore présent de ce maître hardi, dont les syllogismes, d'après son témoignage, avaient suscité de vives polémiques (*sillogizzò invidiosi veri*)? Rien n'empêche d'ailleurs de supposer qu'il avait entendu parler de Sigier en Italie même, soit par quelque étudiant florentin revenu de l'université de Paris, soit par son vieil ami Brunetto Latini, qui fit, comme on sait, un assez long séjour en France. Il ne laisse échapper aucune occasion de se mettre en scène : s'il avait personnellement connu Sigier, il n'aurait pas manqué de le rappeler. Il n'y a donc pas lieu de contredire, sur les assertions, peu concordantes elles-mêmes, de deux écrivains du xvᵉ siècle, le récit formel des biographes du xivᵉ. On pourrait, il est vrai, admettre deux voyages de Dante à Paris, mais l'évêque de Fermo lui-même affirme qu'il n'y en eut qu'un seul.

La philosophie proprement dite ne fut-elle qu'une crise dans la vie de Dante? C'est l'opinion d'un savant allemand, M. Karl Witte, à qui la littérature dantesque est redevable de précieux travaux. Dante se reproche, dans la Vie nouvelle, l'amour qui succéda dans son âme à celui de Béatrice, et, dans la Divine Comédie, Béatrice elle-même lui fait des reproches semblables. Or, s'il est difficile de contester la réalité de l'existence de Béatrice et de la passion qu'elle lui a inspirée, on ne saurait nier qu'elle ne soit prise dans tout son poëme pour la personnification de la foi religieuse. « Tout ce que la raison peut voir, je puis te l'expliquer, lui dit Virgile; mais pour ce qui est œuvre de foi, attends les révélations de Béatrice[1]. » Cette autre passion dont il s'accuse et qui, suivant ses propres dé-

---

[1] « . . . . Quanto Ragion qui vede
Dir ti poss' io; da indi in là t'aspetta
Pure a Beatrice, ch' è opra di Fede. »

(*Purgatorio*, XVIII, 46-48.

clarations, avait pour objet la philosophie, c'est donc l'oubli de la foi pour la raison, et l'empire que Béatrice reprend de nouveau sur son âme ne peut signifier qu'un retour à la foi, le passage de la philosophie à la théologie. Cette interprétation est spécieuse; mais elle est contredite par les témoignages mêmes sur lesquels elle s'appuie. Des preuves intrinsèques fixent la composition du Banquet de Dante vers 1306, postérieurement à sa prétendue conversion et à la composition des premiers chants du poëme qui en serait la manifestation symbolique. Or la philosophie n'y apparaît pas comme une science inférieure et toute profane. Elle est distincte, elle n'est pas séparée de la théologie. Elle est l'objet de l'enseignement des religieux comme des philosophes. Elle embrasse, avec la physique, la métaphysique et la morale; elle s'élève à la connaissance et à la démonstration de l'immortalité de l'âme et de l'existence de Dieu. Les reproches qu'il s'adresse ou qu'il se fait adresser par Béatrice ne sauraient évidemment s'appliquer à cette *noble fille du ciel*. L'amour dont il s'accuse dans la Vie nouvelle est représenté comme fondé sur l'appétit seul et combattu par la raison : il ne saurait donc exprimer l'abandon de la foi pour la raison. Les griefs de Béatrice dans la Divine Comédie portent sur l'intérêt trop vif qu'il aurait pris, elle morte, aux plaisirs mondains et à des fillettes (*pargolette*) : quand on entendrait ces fillettes dans un sens allégorique, elles ne peuvent signifier la philosophie du Banquet. La philosophie maintient, d'ailleurs, ses droits à côté de la théologie dans la Divine Comédie comme dans le Banquet, et l'on ne saurait saisir aucune différence dans le point de vue philosophique des deux ouvrages. Béatrice elle-même envoie à Dante, pour le guider jusqu'à elle, Virgile, le représentant de la science humaine, de « tout ce que la raison peut voir ici-bas; » et, lorsqu'elle se charge à son tour de le diriger, elle ne l'éclaire pas seulement sur la théologie, elle lui expose aussi des théories philosophiques. Les doctrines politiques du Banquet, de la Divine Comédie et du traité latin De la Monarchie attestent encore l'attachement constant du poëte pour la philosophie; car ces doctrines reposent précisément sur la distinction radicale de la philosophie et de la théologie, distinction considérée par Dante comme le principe de l'indépendance de l'Empire à l'égard de l'Église.

> Jura monarchiæ, superos, Phlegetonta lacusque
> Lustrando, cecini,

dit-il dans l'épitaphe qu'il s'était composée à lui-même. Il assignait ainsi pour but à son poëme la défense des droits de l'Empire et, par conséquent, des droits de la philosophie. Nous le voyons enfin, un an avant sa mort, soutenir à Vérone une thèse philosophique : *De aqua et terra*. Du moins cette thèse, imprimée à Venise en 1508, est présentée à la dernière page comme ayant été soutenue par le poëte Dante le 20 janvier 1320, et il n'y a aucun motif d'en suspecter l'authenticité. Rien n'autorise donc à faire deux parts dans la vie de Dante, l'une dans laquelle la philosophie aurait remplacé la foi naïve de son adolescence, l'autre qui aurait été marquée par une sorte de conversion religieuse sous l'influence prépondérante de la théologie.

Une crise plus certaine dans la vie de Dante est celle de sa foi politique. Il avoue lui-même que ses idées ont varié sur les droits de l'Empire romain[1]. Ce changement a-t-il été amené par le progrès naturel et logique de ses réflexions, ou bien faut-il l'attribuer à ses ressentiments d'homme de parti et d'exilé ? La question serait tranchée dans le premier sens, si l'on admettait avec M. Witte que le traité De la Monarchie est une œuvre de sa jeunesse, écrite avant son bannissement, lorsqu'il n'avait encore aucun grief personnel contre les Guelfes, dont il combat dans ce traité tous les principes. M. Witte remarque que c'est le seul de ses ouvrages dans lequel il ne fasse aucune allusion aux événements contemporains et à la part que lui-même y avait prise. Mais ce caractère impersonnel s'explique suffisamment par le ton purement dogmatique et didactique du livre. La discussion y est passionnée, mais elle se maintient toujours dans les théories générales. Si ce manifeste avait été rédigé dans la jeunesse de Dante, comment n'en trouverait-on pas la trace dans les luttes politiques et religieuses qui ont empoisonné son âge mûr ? Comment n'apparaîtrait-il qu'après sa mort comme instrument aux mains d'un parti et comme objet

[1] *De Monarchia*, l. II, II.

des vengeances posthumes de l'autre? On ne peut supposer qu'il avait craint de le publier de son vivant ou qu'il ne l'avait pas avoué : la hardiesse avec laquelle, dans tous ses autres écrits, il soutient les mêmes principes dément ces deux hypothèses, et si la dernière d'ailleurs était fondée, il ne faudrait pas d'autre explication au silence qu'il garde sur lui-même. Boccace rapporte la composition de la Monarchie à l'expédition de Henri VII en Italie (1310-1313) : toutes les vraisemblances concourent à confirmer son témoignage.

Mais quelle que soit la date du traité De la Monarchie, rien ne prouve que le changement des idées politiques de Dante soit postérieur à son exil, ni surtout qu'il en soit l'effet. Sa théorie de l'Empire se rattache étroitement à tout l'ensemble de ses doctrines philosophiques. Dante n'appartenait au parti guelfe que par tradition de famille; il s'en est séparé sans apostasie, lorsqu'il a commencé à se faire des convictions personnelles, et si ses nouvelles opinions l'ont rapproché des Gibelins, si ses intérêts et ses rancunes l'ont engagé plus tard à combattre dans leurs rangs, il a toujours tenu à honneur d'élever sa pensée au-dessus des querelles de partis et d'être, comme il aimait à le dire, son parti à lui seul[1].

La philosophie n'est étrangère à aucun des ouvrages de Dante. Ses poésies lyriques elles-mêmes contiennent souvent, soit directement, soit sous la forme de l'allégorie, des thèses philosophiques. Le traité De la langue vulgaire (*De vulgari eloquio*) débute par une théorie philosophique du langage, considéré comme une faculté exclusivement propre à l'homme, et dont Dieu en le créant lui a révélé l'usage. Le traité De la Monarchie est le développement de toute une philosophie politique. La Vie nouvelle est comme la préface du Banquet et de la Divine Comédie, et, dans ces deux derniers ouvrages, toutes les parties de la philosophie sont représentées.

Le Banquet est le premier livre de métaphysique écrit en langue vulgaire. Il tient, sous ce rapport, dans l'histoire de la philosophie

---

[1] « . . . . A te fia bello
Averti fatta parte per te stesso. »

(*Paradiso*, XVII, 68 et 69.)

italienne, une place analogue à celle du Discours de la méthode,
postérieur de plus de trois siècles, dans l'histoire de la philosophie
française. Ainsi que Descartes, Dante appelle à profiter de ses
méditations, ou, comme il le dit, à s'asseoir à sa table philosophique, ceux qui n'ont pas eu *l'heur* de se rencontrer dans les
mêmes chemins que lui, et, pour distribuer le pain de la vérité
d'une main plus libérale, il préfère à la langue des savants celle
des gens du monde et des femmes. Mais, s'il renonce à la langue
des savants, il ne renonce pas à leurs procédés. Le Banquet est tout
scolastique, non-seulement par l'abus des divisions, des distinc-
tions, des syllogismes, mais par l'emploi de deux formes chères
aux docteurs du moyen âge, le commentaire et l'allégorie. C'est
un commentaire philosophique, non sur un livre d'Aristote ou sur
le Maître des sentences, mais sur trois *Canzoni* de Dante lui-même,
et c'est par là qu'il se justifie surtout de l'avoir écrit en italien;
car le commentaire suit nécessairement la langue de l'œuvre commentée. Ces trois *Canzoni* sont des poésies d'amour (Dante avoue
dans la Vie nouvelle que l'italien naissant ne comportait pas encore
d'autres sujets); mais l'amour y est pris, grâce à l'allégorie, dans
le sens le plus large, et lors même que tout semble s'y rapporter
aux beautés sensibles, le commentaire lui donne hardiment une
signification métaphysique. Dante use, dans l'interprétation de
sa propre pensée, de tous les raffinements du symbolisme. Il n'y
distingue pas moins de quatre sens : le littéral, l'allégorique, le
moral et l'anagogique ou inductif[1]. Une simple invocation aux
intelligences qui meuvent le troisième ciel, dans le premier vers
d'une des poésies qu'il commente, donne lieu à toute une théorie
du ciel d'après le système de Ptolémée, à une exposition de la
nature et de la hiérarchie des anges et à une classification des
sciences, reproduisant allégoriquement l'ordre des sphères cé-
lestes : aux cieux planétaires correspondent les sept arts libéraux;
aux deux pôles du ciel étoilé, la physique et la métaphysique;

---

[1] Les deux vers suivants, dans les manuels de dialectique, donnaient l'explication de ces quatre sens :

> *Littera* gesta docet ; quid credas, *Allegoria* ;
> *Moralis*, quid agas ; quid speras, *Anagogia*.

au premier mobile, la morale, et à l'empyrée, la théologie. Ces rapprochements subtils entre l'ordre moral et l'ordre physique se retrouvent partout dans la science comme dans l'art du moyen âge. Ils se fondent sur une harmonie réelle, dans laquelle se manifeste l'unité de la création; mais, employés avec une confiance aveugle, comme procédé de raisonnement, sans tenir compte de l'imperfection des connaissances acquises et des différences de nature ou de degré qui séparent les divers ordres de vérités, ils ont été le principal obstacle au progrès des sciences. Toutes les sciences, en effet, se moulant, en quelque sorte, les unes sur les autres, devenaient solidaires, et l'on ne pouvait changer les idées reçues en physique, sans bouleverser en même temps la métaphysique, la morale et la théologie elle-même.

Les théories philosophiques du Banquet sont reprises, avec de nouveaux développements, dans la Divine Comédie, où elles se revêtent de vives et familières images, sans rien perdre de leur précision ni de leur rigueur. Dante lui-même rapporte son poëme à la philosophie morale, et il lui assigne pour objet la destinée humaine, déterminée par le mérite et par le démérite[1]. Mais il ne sépare pas la morale des autres sciences, dont elle est le principe ordonnateur, comme le premier mobile, auquel elle correspond, soutient tout l'ordre du ciel. Aussi une véritable *somme* de philosophie et de théologie trouve place dans cette série de dissertations dont il entremêle sans cesse ses tableaux de l'autre vie, soit qu'il parle en son propre nom, soit qu'il fasse parler ses deux guides, Virgile et Béatrice, ainsi que les divers personnages qu'il met en scène.

Dante n'a point proprement une doctrine philosophique. L'aristotélisme scolastique, sous la forme que lui avait donnée saint Thomas, fait le fond de toutes ses théories. Il appelle Aristote *le maître de ceux qui savent*[2], et il s'incline presque toujours devant

---

[1] Épître dédicatoire du *Paradis* à Canc della Scala.

[2] « Vidi il maestro di color che sanno
Seder tra filosofica famiglia :
Tutti l'ammiran, tutti onor gli fanno. »

(*Inferno*, IV, 131-133.)

l'autorité du *bon frère Thomas d'Aquin*[1]. Sur les rapports des sens avec la raison et de la raison avec la foi, sur la formation, l'unité et l'immortalité de l'âme, sur la création et la hiérarchie des êtres, sur le libre arbitre et l'origine du mal, sur la division des vertus, il professe le pur thomisme. S'il s'écarte de l'Ange de l'école dans la classification des péchés, c'est pour remonter directement à Aristote[2], ou pour s'inspirer d'un autre scolastique, saint Bonaventure[3]. Il connaît les Arabes, Algazel, Avicenne et *celui qui fit le grand commentaire*[4], Averroès, dont il réfute, par les arguments de saint Thomas, la théorie de l'intellect impersonnel[5]. De Platon il ne paraît avoir lu que le *Timée*, qu'il ne cite que pour le combattre[6]; mais on reconnaît, dans l'esprit même de sa philosophie, une sorte de platonisme inconscient, qu'il puise dans Cicéron, dans Boèce, dans Richard de Saint-Victor, dans saint Bonaventure et dans saint Thomas lui-même. Comme presque tous les scolastiques, il est attiré, sans le bien connaître, par l'idéalisme platonicien, et contenu par le réalisme péripatéticien, mieux connu et plus conforme aux exigences d'un enseignement dogmatique.

[1] «Questo contra gli erranti è tutt' una parte ed è nome d'esta Canzone, tolto per esempio del buono frà Tommaso d'Aquino, che a un suo libro che fece a confusione di tutti quelli che disviano da nostra fede, pose nome *Contra Gentili.*» (*Convito*, IV.)

[2] «Non ti rimembra di quelle parole
Con le quai la tua *Etica* pertratta
Le tre disposizion che 'l ciel non vuole :
Incontinenza, malizia e la matta
Bestialitade..... »
(*Inferno*, XI, 27-31. — Cf. *Éthique à Nicomaque*, VII, 1.)

[3] Il reproduit, de préférence à celle de saint Thomas, sa division des péchés capitaux. (*Purgatorio*, XVII.)

[4] «Averroïs, che 'l gran comento feo.»
(*Inferno*, IV, 144.)

[5] «.........Quest' è tal punto
Che piu savio di te fece errante;
Si che per sua dottrina fè disgiunto
Dall' anima il possibile intelletto,
Perchè da lui non vide organo assunto.»
(*Purgatorio*, XXV, 62-66.)

[6] *Convito*, IV. — *Paradiso*, IV, 24.

Parmi les principes de la métaphysique d'Aristote, il s'empare surtout de cette idée de finalité qui fait du moteur suprême le centre commun vers lequel tendent tous les êtres. Il se plaît à montrer un immense courant d'amour circulant partout *à travers la grande mer de l'être* [1]. Le mouvement physique, la vie végétative, la vie animale, la vie intellectuelle, forment l'échelle ascendante de l'amour universel. Infaillible dans ses degrés inférieurs, l'amour devient susceptible de bien et de mal lorsqu'il est éclairé par la raison. Le vice comme la vertu procèdent de lui, suivant qu'il s'arrête sur des biens imparfaits ou qu'il tend avec une ardeur persévérante vers le bien suprême. Même quand la volonté devient mauvaise, quand elle poursuit le mal d'autrui par la violence ou par la fraude, elle n'obéit qu'à un amour déréglé de soi-même. Il y a des degrés dans le vice, suivant que l'amour s'éloigne plus ou moins de sa fin; et, d'un autre côté, les efforts qu'il fait pour l'atteindre sont la mesure naturelle des degrés de la vertu. Les vertus de la vie contemplative sont supérieures à celles de la vie pratique, comme manifestant plus d'amour; mais, pour chacune de ces deux vies, il est un terme que l'amour humain ne peut dépasser, même au sein de la béatitude céleste. Les anges vont au delà; mais eux-mêmes ne réalisent pas encore la perfection de l'amour. Dieu seul la possède, au sommet de l'être, et il en répand les rayons sur toutes ses créatures, dans la mesure de leur perfection relative. L'enfer lui-même est une œuvre d'amour autant que de justice [2]. Ces cercles superposés dans lesquels les châtiments sont proportionnés au démérite sont inégalement éloignés de Dieu; l'amour divin éclaire encore d'une pâle lueur ces limbes où ceux à qui la foi seule a manqué sont du moins exempts de souffrance, et il ne s'éteint qu'au fond de cet abîme de glace où se dresse, au milieu des traîtres, le corps immense de Lucifer.

La politique de Dante, la partie la plus originale de sa philo-

---

[1] « Per lo gran mar dell' essere. »

(*Paradiso*, I, 113.)

[2] « Giustizia mosse 'l mio alto Fattore,

Fece mi la divina Potestade,

La somma Sapienza e 'l primo Amore. »

(Inscription de la porte de l'enfer.)

sophie[1], s'inspire des mêmes principes. L'unité d'une fin commune pour tout le genre humain le conduit à proclamer la nécessité d'un empire unique, réunissant sous ses lois tous les peuples de la terre. Mais, comme pour atteindre leur fin les hommes suivent une double lumière, la raison et la foi, le gouvernement universel reçoit deux formes, l'Empire et l'Église : le premier destiné à leur assurer la béatitude terrestre, la seconde ayant pour mission de les guider vers la béatitude céleste. Irréductibles entre eux, les deux pouvoirs sont mutuellement indépendants ; ils ne relèvent que de la puissance divine, dont ils sont l'un et l'autre une émanation immédiate. L'empereur est inférieur au pape, comme la philosophie est inférieure à la théologie, la béatitude terrestre à la béatitude céleste ; mais il n'y a de l'un à l'autre qu'une subordination de déférence[2].

Ces idées politiques sont en opposition avec celles de saint Thomas et de la plupart des docteurs ; mais elles ne sont pas pour cela étrangères à l'esprit du moyen âge. Si le moyen âge se perd par l'excès du morcellement, il ne s'égare pas moins dans la poursuite de l'unité universelle. L'Église y prétend dans l'ordre spirituel. Les Césars d'Allemagne, héritiers du titre des Césars de Rome, aspirent à la réaliser dans l'ordre temporel. Aussi ne conçoit-on que trois théories politiques : la première absorbe l'Empire dans l'Église, la deuxième assujettit l'Église à l'Empire, la troisième investit les deux pouvoirs, chacun dans sa sphère, d'une souveraineté également universelle et pleinement indépendante. L'unité de l'Empire, dans la théorie de Dante, ne s'autorise pas seulement des traditions toujours vivantes de l'Empire romain ; elle apparaît comme le couronnement de l'édifice féodal. Elle n'est pas destinée, en effet, à se substituer en tout à la diversité des États. Elle ne fait que les relier entre eux sous la suzeraineté de l'empereur, comme les fiefs d'un même royaume sont réunis sous la suzeraineté du roi.

---

[1] Il la présente lui-même comme nouvelle. (*De Monarchia*, I.)

[2] « Illa igitur reverentia Cæsar utatur ad Petrum, qua primogenitus filius debet uti ad patrem, ut luce paternæ gratiæ illustratus, virtuosius orbem terræ irradiet, cui ab illo solo præfectus est, qui est omnium spiritualium et temporalium gubernator. » (*De Monarchia*, III.)

Enfin la politique de Dante appartient encore au moyen âge par l'appareil scolastique sous lequel elle se présente, soit dans les démonstrations en forme du traité De la Monarchie, soit dans les digressions oratoires ou poétiques du Banquet et de la Divine Comédie. En discutant des questions sur lesquelles se sont livrées pendant plusieurs siècles tant de batailles de plume et d'épée, Dante ne peut se dispenser d'user des mêmes armes que ses adversaires. Quand l'opinion qu'il combat voit dans la subordination de la lune au soleil une preuve convaincante de celle du pouvoir temporel au pouvoir spirituel, faut-il s'étonner s'il déploie contre un tel argument toutes les ressources de la syllogistique et toutes les subtilités de l'interprétation symbolique ? Il ne se refuse pas même, dans l'ardeur de la discussion, l'emploi des armes de l'intolérance : « On voudrait, s'écrie-t-il en réfutant une certaine théorie sur la noblesse d'origine, répondre, non avec des paroles, mais avec le couteau, à une telle marque de bestialité[1]. »

L'originalité véritable de la philosophie de Dante, c'est la forme populaire dont il l'a revêtue. Toutes les questions qui se débattaient dans l'ombre des écoles se produisent au grand jour dans une langue à la fois savante et naïve, qui sait se plier aux plus formidables abstractions et y répandre la lumière et la vie. Et en même temps qu'elles font appel à toutes les intelligences, elles s'emparent de toutes les imaginations par cet ensemble de fictions charmantes ou terribles dans lequel elles trouvent place. Elles provoquent ainsi une curiosité insatiable, stimulée plutôt que rebutée par les obscurités dont le poëte-philosophe n'a pas voulu les dégager. Il a donné lui-même l'exemple d'un commentaire philosophique de ses poésies dans la langue du peuple. D'innombrables interprètes, dont la chaîne remonte aux premières années après sa mort, suivent à l'envi cet exemple pour la Divine Comédie. Ce n'est pas assez des commentaires écrits ; des chaires sont créées dans la plupart des villes d'Italie pour l'explication du poëme sacré. On sait que celle de Florence fut inaugurée par Boccace. Les détails naïfs dans lesquels ces premiers commentateurs se croient obligés

---

[1] « Risponder si vorrebbe, non colle parole, ma col coltello a tanta bestialita. » (*Convito*, IV.)

d'entrer attestent à la fois et l'ignorance du public auquel ils s'adressent, et l'universelle avidité de savoir que l'œuvre de Dante avait excitée.

C'est le triomphe de la scolastique; c'est, en même temps, le point de départ de sa décadence. Le cercle étroit dans lequel s'est enfermée la pensée du grand poëte ne suffit bientôt plus à l'esprit humain émancipé par lui-même. Malgré ses avertissements, on veut *aller par plus d'un sentier en philosophant*[1]. On veut surtout s'abreuver plus largement à cette antiquité profane dont les poëtes et les philosophes jouent dans son poëme un rôle secondaire et subordonné, mais déjà plein d'éclat. Aussi on a pu dire que la Divine Comédie avait été, en Italie du moins, le chant du cygne de la scolastique[2]. Pétrarque, plus jeune que Dante seulement de trente-neuf ans, est déjà un philosophe de la Renaissance.

Mais la popularité de Dante n'a point eu à souffrir de ce mouvement nouveau. Lui-même y avait contribué sans le vouloir, nonseulement en produisant la philosophie hors de l'enceinte des écoles et en la plaçant sous l'invocation des souvenirs classiques, mais en faisant un choix dans cet enseignement scolastique auquel il prétendait rester fidèle. Il laisse dans l'ombre les théories propres au moyen âge sur le principe d'individuation, sur les universaux, sur la distinction des deux intellects. Sous ces formes pédantesques, dont il a peine à s'affranchir, il sait retrouver cette *philosophia perennis* dont parle Leibnitz, qui subsiste à travers tous les systèmes anciens et modernes. Il se fait, pour employer son langage, le citoyen de « cette Athènes céleste, où les Stoïciens, les Péripatéticiens et les Épicuriens, par l'effet de la vérité éternelle, se réunissent dans un vouloir commun[3]. » Prises en ellesmêmes, la plupart de ses théories philosophiques peuvent, sans un anachronisme trop sensible, être mises dans la bouche de

---

[1] « Voi non andate giù per un sentiero
Filosofando. »

(Paradiso, XXIX, 85 et 86.)

[2] Franz Wegele, *Dante's Leben und Werke.*

[3] « Quella Atene celestiale, dove gli Stoici, e Peripatetici, ed Epicuri, per l'arte della verità eterna, in un volere concordevolmente concorrono. » (*Convito*, III.)

Virgile, son guide dans le champ de la science humaine, et, sauf sur les questions de physique, où il ne pouvait devancer les découvertes modernes, elles ont pu garder leur place dans l'enseignement et dans les discussions des philosophes. Même après la chute de la scolastique, la Divine Comédie est encore commentée avec enthousiasme par de purs platoniciens, comme Landino, et par les savants les plus dégagés de l'esprit du moyen âge, comme Galilée. La décadence intellectuelle de l'Italie au XVIIe siècle y interrompit seule les études dantesques. On sait quelle faveur elles ont reconquise de nos jours. Non-seulement l'ère des commentateurs s'est rouverte, mais des citations de la Divine Comédie et des *Opere minori* sont devenues l'illustration obligée de tous les livres de philosophie.

Hors de l'Italie Dante est moins souvent cité, parce qu'il perd beaucoup à être traduit; mais, au point de vue historique surtout, il est l'objet d'études non moins patientes et non moins sympathiques. Sa gloire a profité de la réaction qui s'est produite de nos jours en faveur du moyen âge, et elle a contribué à son tour à provoquer les recherches sur l'histoire et sur la philosophie du moyen âge. Les plus obscurs représentants de la scolastique sont tirés de l'oubli pour éclaircir un passage du poëte qui a résumé dans ses vers immortels toute la science de son temps. L'Allemagne garde la supériorité dans ces travaux par la patience de ses investigations, et par cet art, qu'elle possède à un degré si éminent, de s'assimiler les idées étrangères, en les transformant, il est vrai, trop souvent dans son propre génie. La France y a touché d'une main plus sobre, mais presque toujours plus sûre. Le livre d'Ozanam [1], bien que dépassé sur plusieurs points, reste un des meilleurs qui aient été écrits en Europe sur la philosophie de Dante.

Dans la philosophie de Dante un intérêt particulier s'attache à sa politique. Comme sa métaphysique, elle procède du moyen âge, mais elle va au delà du moyen âge. Sans parler des analogies, souvent forcées, qu'on a prétendu y trouver avec les doctrines qui

---

[1] *Dante et la philosophie catholique au XIIIe siècle.*

prévalent aujourd'hui en Italie, elle manifeste, sous la théorie chimérique de l'Empire universel, le pressentiment déjà très-net de toutes les grandes questions que la politique moderne aspire à résoudre : la fédération des États, sinon sous un chef unique, du moins sous certaines lois communes; la conciliation des libertés provinciales ou municipales avec la souveraineté du gouvernement central; l'indépendance réciproque du pouvoir spirituel et du pouvoir temporel. Dante n'est pas même étranger à ces rêves de réformes sociales qui prétendent assurer le libre développement de toutes les vocations naturelles [1]. Il reste, en un mot, à tous les points de vue, le plus vivant, non-seulement des poëtes, mais des philosophes du moyen âge.

---

[1] Voir le discours de Charles Martel, au VIIIe chant du *Paradis*. — La remarque est de Daniel Stern, dans ses éloquents *Dialogues* sur Dante et Göthe.

Imprimerie Impériale. — 1868.

Monsieur Contejean, Professeur à la Faculté des Sciences